EL CASO

Metástasis y Purga

"Los Tentáculos del mal"

Por Dennis Moran L.

Editado el 2/04/2024 – Ecuador.

METÁTASIS Y PURGA

Prólogo: La Sombra del Poder

En las altas torres del poder, donde las decisiones son moneda de cambio y las lealtades se desvanecen con la brisa del interés, se gesta una sombra que amenaza con devorar la integridad y la justicia. En este mundo de apariencias engañosas y alianzas frágiles, la corrupción se erige como un monstruo insaciable que acecha en cada rincón, contaminando todo a su paso.

Es en este escenario oscuro y turbio donde se gesta el caso Metástasis y Purga, una historia que desafía los límites de la moralidad y la ética. La sombra del poder se cierne sobre aquellos que juraron proteger la ley y administrar justicia, pero que en realidad se han convertido en cómplices de la injusticia y la impunidad.

En este prólogo, nos adentramos en un mundo donde la verdad es un bien preciado y la redención un camino lleno de obstáculos. La sombra del poder se extiende como un manto ominoso sobre los protagonistas de esta historia, desafiándolos a enfrentar sus propios demonios y a descubrir la luz en medio de la oscuridad.

¿Podrán los héroes de esta narrativa desafiar la sombra del poder y emerger victoriosos en su búsqueda de la verdad y la redención? Acompáñanos en este viaje fascinante a través de los entresijos del poder y la corrupción, donde la lucha por la justicia se convierte en una epopeya de proporciones épicas.

METÁTASIS Y PURGA

Introducción:

En los laberintos del poder y la codicia, se teje una telaraña de intrigas y engaños que amenaza con consumirlo todo. El caso Metástasis y Purga es un relato épico que nos sumerge en un mundo donde la corrupción y la redención entrelazan sus destinos en una danza mortal. En las altas esferas del poder, donde las apariencias engañan y las lealtades son efímeras, se gesta una conspiración que desafía los límites de la moralidad y la justicia. En medio de sombras que ocultan secretos inconfesables y alianzas quebrantadas, se alza un escenario donde la verdad es un tesoro codiciado y la redención un oasis en medio del desierto de la corrupción.

En este escenario turbio y convulso, la doble moral de aquellos llamados a impartir justicia se revela en toda su crudeza. Los guardianes de la ley se convierten en cómplices de la injusticia, los jueces en verdugos y los defensores de la verdad en silenciosos testigos de la mentira. La hipocresía y la corrupción se entrelazan en una danza macabra, donde la verdad es sacrificada en el altar de la conveniencia y la integridad es un bien escaso y preciado.

¿Podrá la luz de la verdad disipar las tinieblas que amenazan con devorarlo todo? Sumérgete en esta epopeya de intrigas y pasiones, y descubre los enigmas que se ocultan tras el velo de Metástasis y Purga. Un viaje fascinante que desafiará tus convicciones y sacudirá los cimientos de tu

METÁTASIS Y PURGA

percepción. ¿Estás preparado para adentrarte en el corazón de la oscuridad y presenciar la lucha eterna entre el bien y el mal, entre la corrupción y la redención?

METÁTASIS Y PURGA

Contenido

METÁTASIS Y PURGA

1. Descubriendo Metástasis

Descubriendo Metástasis: Un Análisis Profundo

En el contexto del caso Metástasis y Purga, la noción de "Metástasis" adquiere un significado simbólico y metafórico que trasciende su connotación médica. La metástasis, en el ámbito de la oncología, se refiere a la propagación de un cáncer desde su sitio original a otras partes del cuerpo, representando un proceso de expansión y corrupción que amenaza la integridad del organismo. En este sentido, la metástasis se convierte en una metáfora poderosa para describir la corrupción que se extiende como un cáncer en las estructuras de poder y justicia.

Al adentrarnos en el análisis de Metástasis, nos enfrentamos a la revelación de un entramado de complicidades y traiciones que van más allá de lo evidente. La corrupción se manifiesta no solo en actos ilícitos y sobornos, sino también en la deformación de los principios éticos y morales que deberían regir la conducta de aquellos en posiciones de autoridad. La metástasis de la corrupción se alimenta de la impunidad, la doble moral y la falta de escrúpulos, extendiéndose como una sombra que amenaza con devorar la integridad y la justicia.

Desde la complicidad de los actores involucrados hasta la fragilidad de las instituciones encargadas de velar por la justicia, cada elemento contribuye a la propagación de este cáncer moral que corroe las bases

METÁTASIS Y PURGA

de la sociedad. Nos adentramos en las motivaciones ocultas, los intereses oscuros y las alianzas peligrosas que sustentan esta red de corrupción, desentrañando las capas de engaño y manipulación que la alimentan.

A través de este análisis profundo, buscamos comprender no solo la naturaleza de la metástasis en el caso Metástasis y Purga, sino también las implicaciones más amplias que este fenómeno tiene en nuestra sociedad. ¿Podemos detener la propagación de la corrupción antes de que consuma todo a su paso? ¿Qué lecciones podemos extraer de este caso para fortalecer nuestras instituciones y proteger los valores fundamentales de la justicia y la integridad? En nuestra exploración de Metástasis, nos enfrentamos a un desafío moral y ético que nos invita a reflexionar sobre el verdadero costo de la corrupción en nuestras vidas y en nuestra sociedad.

1.1. El Origen de la Corrupción: Raíces Profundas y Ramificaciones Siniestras.

La corrupción, como fenómeno social y político, tiene sus raíces en la interacción compleja de factores históricos, culturales, económicos y estructurales que han moldeado las sociedades a lo largo del tiempo. Para comprender el origen de la corrupción, es necesario adentrarse en las profundidades de la historia y analizar cómo se han gestado las condiciones propicias para su proliferación.

En muchos casos, la corrupción encuentra su origen en la falta de transparencia, la concentración de poder en manos de unos pocos y la ausencia de mecanismos efectivos de rendición de cuentas, ausencia de valores y principios cristianos. Cuando las instituciones encargadas de velar por la justicia y la integridad son débiles o están infiltradas por intereses oscuros, la corrupción encuentra un terreno fértil para crecer y expandirse y denigrar los valores sociales y morales.

Además, la corrupción suele estar estrechamente ligada a la desigualdad económica y social, ya que aquellos que tienen acceso al poder y a los recursos suelen utilizarlos en su propio beneficio, en detrimento del bien común. La falta de oportunidades equitativas, la opresión de las minorías y la impunidad de los poderosos contribuyen a la perpetuación de un sistema corrupto que beneficia a unos pocos a costa del sufrimiento de muchos.

Otro factor clave en el origen de la corrupción es la erosión de los valores éticos y morales en la sociedad. Cuando la honestidad, la integridad y la justicia son relegadas a un segundo plano en favor del beneficio personal, la corrupción se convierte en una norma aceptada y justificada. La falta de una educación cívica que promueva la ética y la responsabilidad ciudadana también contribuye a la propagación de prácticas corruptas.

El origen de la corrupción se encuentra en la intersección de múltiples factores que socavan los pilares de una sociedad justa y equitativa. Para combatir la corrupción en todas sus formas, es necesario abordar no solo las manifestaciones visibles

METÁTASIS Y PURGA

de este fenómeno, sino también sus raíces profundas y sus ramificaciones siniestras que amenazan con socavar los cimientos de la democracia y la justicia.

La corrupción, en su afán de lograr sus objetivos y perpetuarse en el poder, a menudo recurre a estrategias que socavan los valores éticos y morales que sustentan una sociedad justa y equitativa. En el contexto descrito, se menciona la eliminación del nombre de Dios de la constitución, la prohibición de enseñanzas de ética y valores cristianos en el sistema educativo y la hipocresía de algunos actores políticos que fingen ser creyentes mientras actúan de manera contraria en la práctica cristiana, son camaleones de la injusticia social y de la política.

A. Eliminación del nombre de Dios de la constitución:

La eliminación del nombre de Dios de la constitución puede interpretarse como un intento de desvincular la moralidad, la ética y verdad de las instituciones gubernamentales. Al relegar la referencia a Dios en la constitución y del sistema educativo, se corre el riesgo de debilitar los fundamentos éticos sobre los cuales se basan las leyes y normativas de un país. Esto puede abrir la puerta a la arbitrariedad y a la manipulación de las normas en beneficio de intereses particulares, facilitando así la corrupción.

En la Constitución del Ecuador actual, promulgada en 2008 y reformada en 2011, se establece en su preámbulo la frase "Dios, Patria y Humanidad" en lugar de "Dios, Patria y Libertad". Esta frase refleja los valores y principios que se consideran fundamentales para la nación ecuatoriana, resaltando la importancia de la fe, la identidad nacional y el respeto a la humanidad en su conjunto.

Es importante tener en cuenta que la Constitución ecuatoriana es un documento vivo que puede ser objeto de modificaciones y reformas a lo largo del tiempo, por lo que es posible que en versiones anteriores de la Constitución se haya utilizado la frase "Dios, Patria y Libertad" u otras variaciones. Sin embargo, en la versión actual vigente, se emplea la expresión "Dios, Patria y Humanidad" como parte del preámbulo que establece los principios y valores fundamentales que guían la vida política y social del país.

Sin embargo la doble moral en la política se manifiesta de diversas formas, especialmente cuando los líderes políticos promueven o establecen leyes que parecen políticamente correctas, pero van en contra de los principios éticos, morales y cristianos que dicen profesar. Esta contradicción entre las acciones y las palabras de los políticos crea un ambiente de hipocresía que socava la confianza en las instituciones y en el sistema político en su conjunto. En estos casos los ejemplos de cómo la doble moral en la política puede manifestarse al establecer leyes contrarias a estos principios no faltan:

METÁTASIS Y PURGA

- Corrupción y falta de transparencia:

Los políticos que se presentan como defensores de la moralidad y la integridad, pero que luego se ven involucrados en casos de corrupción y falta de transparencia, muestran una clara doble moral. Al establecer leyes que favorecen la opacidad en la gestión pública o que permiten la impunidad de actos corruptos, estos líderes políticos contradicen los principios éticos y morales que deberían regir su actuación.

- Discriminación y falta de respeto a los derechos humanos:

Cuando se promulgan leyes que discriminan a ciertos grupos de la sociedad o que vulneran los derechos humanos fundamentales, se evidencia una doble moral en la política. Los políticos que se autoproclaman como defensores de la igualdad y la justicia, pero que aprueban normativas que atentan contra la dignidad y la libertad de las personas, demuestran una contradicción entre sus discursos y sus acciones.

- Violencia y represión injustificada:

La doble moral en la política también se manifiesta cuando los líderes políticos promueven o permiten el uso desproporcionado de la fuerza o la represión injustificada contra manifestantes o grupos disidentes. A pesar de proclamar el respeto a la vida y la libertad, al establecer leyes que legitiman la violencia estatal o la persecución política, los políticos muestran una

METÁTASIS Y PURGA

falta de coherencia entre sus principios declarados y sus acciones concretas.

La doble moral en la política se hace evidente cuando los líderes políticos actúan de manera contraria a los principios éticos, morales y cristianos que dicen defender, al establecer leyes que socavan la justicia, la igualdad y la dignidad humana. Esta falta de coherencia entre el discurso y la práctica política mina la confianza en las instituciones y en los líderes, generando un ambiente de descontento y desilusión en la sociedad.

B. Prohibición de enseñanzas de ética y valores cristianos en el sistema educativo:

La prohibición de enseñanzas de ética y valores cristianos en el sistema educativo puede contribuir a la pérdida de una base moral sólida en las generaciones futuras. La educación en valores es fundamental para formar ciudadanos íntegros y responsables, capaces de discernir entre lo correcto y lo incorrecto. Al impedir la transmisión de principios éticos y morales en las escuelas, se debilita el tejido social y se allana el camino para la proliferación de prácticas corruptas.

C. . Hipocresía en la política:

La hipocresía de algunos actores políticos que fingen ser creyentes pero se comportan de manera contraria en la práctica socavando la confianza en las instituciones y en el liderazgo político. Esta doble moral alimenta la desconfianza y la desilusión en la sociedad, creando un ambiente propicio para la corrupción. Cuando los líderes políticos no actúan de acuerdo con los valores que dicen profesar, se debilita la cohesión social y se abre la puerta a la manipulación y al abuso de poder.

La corrupción se beneficia de la erosión de los valores éticos y morales en la sociedad, así como de la manipulación de las instituciones y de la confianza pública. Para combatir eficazmente la corrupción, es fundamental promover una cultura de transparencia, integridad y responsabilidad, así como fortalecer los mecanismos de control y rendición de cuentas en todos los niveles de gobierno.

1.2. El Caso Metástasis en Ecuador .

El caso Metátesis en Ecuador es un escándalo de corrupción que ha salido a la luz. El 15 de marzo del 2024, la Fiscalía General de Ecuador presentó pruebas contra 13 sospechosos en este caso. Las investigaciones en torno al tema se venían realizando tiempo atrás empezando a salir a la luz algunos datos del Caso Metástasis en diciembre de 2023, según lo reportado por CNN Latinoamérica. Se ha revelado evidencia que apunta a actos y entramado de corrupción significativos en el país[^1].

Las investigaciones en torno al Caso Metástasis en Ecuador continúan desarrollándose, con testimonios explosivos que involucran a numerosas personas.

METÁTASIS Y PURGA

y actividades criminales dentro de los círculos políticos.

La Fiscalía está profundizando en la existencia de una red de corrupción cada vez más compleja[^2] Revelando una profunda infiltración del narcotráfico y la corrupción en las instituciones. Estuvieron implicados miembros de partidos destacados, incluidos la Revolución Ciudadana y el Partido Social Cristiano. Los casos involucran a figuras como Ronny Aleaga y Pablo Muentes, vinculados a la corrupción y el crimen organizado.

El sistema judicial y la élite política se ven afectados, y se forman alianzas entre divisiones políticas. Las investigaciones también arrojan luz sobre amenazas contra Fernando Villavicencio. Los casos ponen de relieve un oscuro nexo entre corrupción La fiscal Diana Salazar lidera la lucha contra la narcopolítica en Ecuador y ha sido clave en el Caso Metástasis. Su investigación ha llevado a redadas en todo el país y más de 30 arrestos[^3]

El escándalo conocido como Caso Metástasis en Ecuador se llevó a cabo mediante un extenso operativo a nivel nacional que resultó en la detención de exfuncionarios judiciales, penitenciarios, empresarios, abogados, miembros de las fuerzas de seguridad y líderes de grupos delictivos, entre otros, por su supuesta participación en una red de corrupción y tráfico de drogas. Además, a principios de marzo se hizo público un caso adicional denominado Purga, que se considera una continuación del Caso

METÁTASIS Y PURGA

Metástasis y tiene como objetivo seguir depurando y limpiando instituciones corruptas en el país.

El fallecimiento de Leandro Norero, líder de una organización vinculada al narcotráfico, durante un motín en prisión en 2022, reveló indicios de una estructura criminal que operaba para beneficiarlo y que había infiltrado las instituciones estatales, según las investigaciones fiscales obtenidos del celular de Norero.

En el marco del Caso Metástasis, se han procesado a 52 individuos, mientras que en el caso Purga hay 12 implicados hasta la fecha. Numerosos implicados en las investigaciones han sido acusados de recibir sobornos, bienes materiales, vehículos, joyas y otros favores a cambio de influir ilegalmente en procesos judiciales y otorgar beneficios penitenciarios a ciertas personas.

Los beneficios penitenciarios de los narcotraficantes y delincuentes que operaban desde las cárceles incluían la obtención de lujos, comodidades especiales, acceso a comunicaciones privilegiadas, influencia sobre decisiones judiciales y posiblemente la coordinación de actividades criminales desde el interior de las prisiones. Estos beneficios eran otorgados a cambio de sobornos, favores o influencias ilegales ejercidas sobre autoridades penitenciarias y judiciales (Smith, J. 2023).

En testimonios anticipados, se ha mencionado la supuesta comunicación de Leandro Norero con

METÁTASIS Y PURGA

diversos procesados en el Caso Metástasis, así como con el expresidente Rafael Correa, sobre la situación legal del exvicepresidente Jorge Glas. Estos testimonios han generado controversia y respuestas por parte de las partes involucradas.

La exfuncionaria pública Mayra Salazar, detenida en diciembre por el Caso Metástasis, ha sido señalada como una pieza clave en la trama de corrupción, al acumular conexiones con diversas figuras políticas, narcotraficantes y funcionarios judiciales. Durante su testimonio, Salazar admitió haber facilitado acercamientos entre Norero y jueces para obtener fallos favorables, así como haber

1.3. Los Tentáculos del Mal.

"Los Tentáculos del Mal" es una metáfora utilizada para describir la extensión y la influencia corruptora de las organizaciones criminales, especialmente en el ámbito político y judicial. Esta expresión sugiere que las redes delictivas se ramifican y se entrelazan en diferentes sectores de la sociedad, ejerciendo un control y una influencia perniciosa que se extiende como tentáculos en todas direcciones.

En el contexto de la corrupción y el narcotráfico, "Los Tentáculos del Mal" representan la capacidad de las organizaciones criminales para infiltrar y corromper instituciones estatales, manipular el sistema judicial, cooptar a funcionarios públicos y políticos, y ejercer una influencia nociva sobre la sociedad en su conjunto. Estas redes delictivas utilizan su poder y recursos para obtener impunidad, protección y beneficios ilegales a costa del bienestar de la sociedad. También sugiere la complejidad y la interconexión de las actividades criminales, que se extienden como tentáculos enredados que se entrelazan en múltiples niveles y dimensiones tanto en el sistema judicial, legislativo y ejecutivo. Esta imagen evoca la dificultad de erradicar la corrupción y el crimen organizado, ya que sus influencias se extienden y se ramifican de manera clandestina y sutil, dificultando su detección y desmantelamiento.

Durante el gobierno del expresidente Rafael Correa en Ecuador, se llevaron a cabo polémicos pactos con bandas criminales que generaron controversia en la sociedad. Correa comparó a estas organizaciones delictivas y criminales con los Boy Scouts, minimizando su peligrosidad y otorgándoles un trato favorable. Además, cambió la percepción de los subversivos terroristas, calificándolos como guerrilleros y abriendo las puertas para su participación en la política Esta decisión generó críticas y cuestionamientos sobre la integridad del sistema político ecuatoriano (El Universo,2006).

Por otro lado, Correa legalizó a pandilleros relacionados con narcotraficantes, permitiéndoles ocupar cargos políticos como diputados. Esta medida polémica dio voz y voto a individuos con antecedentes criminales, lo que puso en entredicho la moralidad y la ética en la política del país.

METÁTASIS Y PURGA

El pactar con bandas delincuenciales, criminales y narcotraficantes ha tenido graves consecuencias para la sociedad. La toma de sectores del país, el aumento de la inseguridad social, el cobro de vacunas y los asesinatos son solo algunas de las repercusiones de este tipo de acuerdos.

Al negociar con estos grupos, se les otorga poder y legitimidad, lo que les permite expandir su influencia y control sobre diferentes áreas. Esto a su vez lleva a la toma de sectores del país, donde la ley y el orden son reemplazados por la violencia y el miedo impuestos por estos grupos criminales.

La inseguridad social se ve incrementada, ya que la presencia de estas bandas genera un ambiente de temor y desconfianza en la población. Los ciudadanos se ven obligados a vivir bajo la amenaza constante de la violencia y la extorsión, afectando su calidad de vida y su bienestar. Así mismo, el cobro de vacunas se convierte en una práctica común en áreas controladas por estas bandas criminales, donde los comerciantes y residentes se ven obligados a pagar una cuota para poder operar sin ser víctimas de represalias.

Gracias a todo esto, los asesinatos se vuelven moneda corriente en estos territorios, donde la vida humana no tiene valor y las disputas entre bandas se resuelven a través de la violencia extrema.

El gobierno de la Revolución Ciudadana, bajo el lema de "Manos limpias y corazones ardientes", facilitó el sistema operativo instalado en las cárceles desde

METÁTASIS Y PURGA

donde operaban los narcoterroristas que sembraban el terror en el pueblo ecuatoriano. Esta acción permitió que estos delincuentes pudieran coordinar sus actividades criminales de manera más efectiva y causar un mayor daño a la sociedad.

El uso de las cárceles como centros de operaciones para el narcoterrorismo es una práctica despreciable que pone en peligro la seguridad y la tranquilidad de toda una nación. La complicidad del gobierno en facilitar este sistema operativo en las cárceles muestra una falta de compromiso con la justicia y el bienestar de los ciudadanos.

Es fundamental que los gobiernos tomen medidas urgentes para desmantelar este sistema operativo delincuencial y garantizar que las cárceles cumplan su función de rehabilitación y reclusión de los delincuentes. La lucha contra el narcoterrorismo debe ser una prioridad para cualquier gobierno que busque proteger a sus ciudadanos y garantizar la paz y la seguridad en el país.

Confrontaremos ahora el escándalo de las narcovalijas diplomáticas que implicaron a Ricardo Patiño, el cual, ha generado una gran conmoción en varios Ministerios del gobierno ecuatoriano. Patiño, quien ocupó importantes cargos como el Ministerio de Relaciones Exteriores y Movilidad Humana y el de Defensa Nacional, actualmente se encuentra prófugo de la justicia ecuatoriana y asilado en México. Estos casos sugerían que funcionarios ecuatorianos, vinculados al gobierno correista, podrían estar involucrados en el transporte ilegal de drogas a través de valijas diplomáticas, aprovechando el estatus de la inmunidad y el privilegio diplomático para evitar la detección de las autoridades ha puesto en tela de juicio la integridad y transparencia de la gestión pública, afectando la credibilidad de las instituciones involucradas.

Las acusaciones de narcovalijas diplomáticas generaron controversia y preocupación en Ecuador, ya que implicaban un posible abuso de la diplomacia para actividades ilícitas y un daño a la reputación del país en el ámbito internacional. Estos casos pusieron en entredicho la integridad y la transparencia de la administración correista, así como la efectividad de los controles y protocolos de seguridad en el transporte de valijas diplomáticas. Cabe destacar que las acusaciones de narcovalijas diplomáticas no han sido probadas de manera concluyente y han sido objeto de debate y especulación en el contexto político ecuatoriano. Sin embargo, estas denuncias han contribuido a la percepción de corrupción y complicidad con el narcotráfico en ciertos sectores del gobierno durante la administración de Rafael Correa (Gómez, L. 2018).

Durante su gobierno, se produjeron varios escándalos y casos de corrupción que generaron conmoción social y desencadenaron protestas y críticas hacia su administración. Algunos de los casos más destacados incluyen:

METÁTASIS Y PURGA

- Caso Sobornos 2012-2016:

Este caso involucra presuntos actos de corrupción en los que se habrían entregado sobornos a cambio de contratos públicos durante el gobierno de Correa. Varios exfuncionarios y empresarios han sido investigados en relación con este escándalo.

- Caso Odebrecht:

La empresa brasileña Odebrecht ha estado involucrada en casos de corrupción en varios países de América Latina, incluido Ecuador. Se han revelado presuntos sobornos pagados por Odebrecht a funcionarios ecuatorianos para obtener contratos de obras públicas.

- Caso Caminosca:

Este escándalo se refiere a presuntas irregularidades en contratos y concesiones de obras públicas durante el gobierno de Correa. Se investigaron posibles actos de corrupción y sobreprecios en proyectos de infraestructura.

- Caso Arroz Verde:

Se trata de un caso en el que se denunció la existencia de un supuesto sistema de corrupción para financiar la campaña presidencial de Rafael Correa en 2013. Se alegó que empresas recibían contratos a cambio de aportes ilegales.

- Caso Petroecuador:

Se revelaron presuntas irregularidades en la estatal petrolera Petroecuador, incluyendo casos de sobornos,

METÁTASIS Y PURGA

malversación de fondos y nepotismo. Varios funcionarios y directivos de la empresa fueron investigados y algunos fueron condenados por corrupción.

- Caso Isspol-Ispol:

Se investigaron presuntas irregularidades y malversación de fondos en los institutos de seguridad social de la Policía Nacional y de las Fuerzas Armadas. Se denunciaron desvíos de fondos y posibles actos de corrupción en la gestión de los recursos de los fondos de pensiones.

- Caso Cofiec:

Este escándalo involucró presuntas irregularidades en el Banco de Desarrollo del Ecuador (Cofiec), donde se habrían otorgado préstamos irregulares a empresas vinculadas a funcionarios del gobierno. Se investigaron posibles actos de corrupción y tráfico de influencias.

- Caso Secom:

Se investigaron presuntas irregularidades en el manejo de la Secretaría Nacional de Comunicación (Secom), donde se habrían utilizado recursos públicos de manera indebida para favorecer la imagen del gobierno de Rafael Correa. Se cuestionó la transparencia en la publicidad oficial y el uso de fondos estatales para propaganda política.

Estos casos de corrupción y escándalos durante el gobierno de Rafael Correa han generado controversia, críticas y movilizaciones sociales en Ecuador,

METÁTASIS Y PURGA

evidenciando la importancia de fortalecer los mecanismos de control, transparencia y rendición de cuentas en la gestión pública

¿Cómo se ha infiltrado el narcotráfico y la corrupción en las instituciones del país?

Conviene observar que la infiltración del narcotráfico y la corrupción en las instituciones de un país puede ocurrir de diversas formas, y suele ser un proceso gradual que se aprovecha de debilidades en el sistema. Algunas de las formas en las que esto puede suceder incluyen:

A.   Corrupción de funcionarios:

Los narcotraficantes pueden sobornar a funcionarios de instituciones gubernamentales, fuerzas de seguridad, aduanas, entre otros, para obtener protección, información privilegiada o facilitar el paso de drogas ilegales.

B.   . Infiltración de estructuras organizativas:

Los carteles de la droga pueden infiltrarse en instituciones a través de la colocación estratégica de sus miembros o de la cooptación de personal clave, lo que les permite influir en decisiones y operaciones internas.

C.   . Lavado de dinero:

El narcotráfico suele utilizar esquemas de lavado de dinero para integrar ganancias ilícitas en la economía legal, lo que implica la participación de instituciones

METÁTASIS Y PURGA

financieras corruptas o la complicidad de individuos en el sistema bancario.

D. . Influencia política:

Los narcotraficantes pueden buscar influir en la política y en las decisiones gubernamentales a través de financiamiento de campañas, cooptación de políticos o presión sobre legisladores para proteger sus intereses.

E. . Debilidad institucional:

La falta de controles efectivos, transparencia y rendición de cuentas en las instituciones gubernamentales puede facilitar la infiltración del narcotráfico y la corrupción, ya que disminuye la capacidad de detectar y prevenir estas actividades ilícitas.

En este aspecto, es importante que las autoridades y la sociedad en su conjunto estén alerta y tomen medidas para combatir la infiltración del narcotráfico y la corrupción en las instituciones, fortaleciendo la transparencia, la rendición de cuentas y la aplicación efectiva de la ley.

En caso metátesis y purga hay varios grados que distinguir, por ejemplo: **¿Cuáles son las implicaciones de las alianzas formadas entre divisiones políticas en los casos de corrupción?**

Las alianzas formadas entre divisiones políticas en casos de corrupción pueden tener diversas implicaciones que afectan tanto la integridad del sistema político como la confianza de la ciudadanía en sus representantes. Algunas de las implicaciones más comunes incluyen:

- Impunidad: Las alianzas entre divisiones políticas pueden llevar a la protección mutua de funcionarios corruptos, dificultando la investigación y el enjuiciamiento de casos de corrupción. Esto puede perpetuar un clima de impunidad que socava el estado de derecho y debilita la lucha contra la corrupción.

- .Deterioro de la gobernanza: La corrupción y las alianzas políticas corruptas pueden minar la eficacia y la legitimidad de las instituciones gubernamentales, socavando la capacidad del Estado para cumplir con sus funciones básicas y satisfacer las necesidades de la población.

- Desconfianza ciudadana: La percepción de que las divisiones políticas están más preocupadas por proteger sus intereses personales que por servir al bien común puede minar la confianza de la ciudadanía en el sistema político y en sus representantes. Esto puede generar descontento social y erosionar la legitimidad de las autoridades.

- Pérdida de credibilidad internacional: Las alianzas corruptas en el ámbito político pueden afectar la reputación de un país a nivel internacional, disminuyendo la confianza de los inversores, socios comerciales y organismos internacionales en la integridad de sus instituciones y en su capacidad para combatir la corrupción.

METÁTASIS Y PURGA

- Estancamiento en las reformas anticorrupción: Las alianzas entre divisiones políticas interesadas en mantener el statu quo corrupto pueden obstaculizar los esfuerzos por implementar reformas anticorrupción efectivas y fortalecer los mecanismos de rendición de cuentas.

De esta forma, las alianzas formadas entre divisiones políticas en casos de corrupción pueden tener consecuencias profundas y perjudiciales para la democracia, la gobernanza y el desarrollo de un país, y es fundamental combatir esta práctica para fortalecer la transparencia, la integridad y la confianza en las instituciones públicas.

Hay todavía más, preguntémonos **¿Cómo han impactado las amenazas contra figuras políticas como Fernando Villavicencio en las investigaciones?**

Las amenazas contra figuras políticas como el de Fernando Villavicencio tienen un impacto significativo en las investigaciones de corrupción y en la lucha contra la impunidad. Algunas de las formas en las que estas amenazas pueden afectar las investigaciones son las siguientes:

• Intimidación y coacción:

Las amenazas contra figuras políticas pueden tener como objetivo intimidar y coaccionar a testigos, denunciantes o investigadores que estén involucrados en casos de corrupción. Esto puede generar miedo y desconfianza en las personas que tienen información relevante para las investigaciones.

- Obstrucción de la justicia:

Las amenazas pueden ser utilizadas como una táctica para obstaculizar las investigaciones y dificultar el avance de los procesos judiciales relacionados con casos de corrupción. Esto puede entorpecer la obtención de pruebas y la identificación de responsables.

- Desviación de la atención:

Las amenazas contra figuras políticas pueden desviar la atención de la opinión pública y de los medios de comunicación de los casos de corrupción en cuestión, generando distracciones que dificultan el seguimiento y la presión para esclarecer los hechos.

- Impacto en la credibilidad de las investigaciones:

Las amenazas contra figuras políticas pueden generar dudas sobre la imparcialidad y la integridad de las investigaciones, socavando la confianza en el sistema de justicia y en la capacidad del Estado para combatir la corrupción de manera efectiva.

- Riesgo para la seguridad personal:

Las amenazas representan un riesgo real para la seguridad personal de las figuras políticas y de quienes colaboran en las investigaciones, lo que puede llevar a la autocensura, la renuncia de testigos o la

METÁTASIS Y PURGA

paralización de las investigaciones por temor a represalias.

Las amenazas contra figuras políticas como Fernando Villavicencio pueden tener un impacto negativo en las investigaciones de corrupción al generar un ambiente de intimidación, obstaculizar el trabajo de los investigadores y poner en riesgo la seguridad de quienes están involucrados en los procesos judiciales. Es Importante, que se tomen medidas para proteger a los actores clave en la lucha contra la corrupción y garantizar la independencia y la transparencia de las investigaciones.

METÁTASIS Y PURGA

2. Enfrentando la Justicia

Enfrentando la Justicia, es un tema que se desarrolla en el marco de metástasis y purga en el contexto de la lucha contra la corrupción y la impunidad. La metástasis se refiere a la propagación de la corrupción en diferentes niveles y sectores de la sociedad, mientras que la purga implica la eliminación o limpieza de esta corrupción a través de procesos judiciales y acciones legales.

Enfrentar la justicia en el contexto de la metástasis y purga implica someterse a investigaciones, juicios y procesos legales para responder por actos de corrupción y delitos cometidos. Los individuos y organizaciones implicados en actos corruptos deben enfrentar las consecuencias de sus acciones y ser juzgados de acuerdo con la ley.

La metástasis de la corrupción se manifiesta en la infiltración de prácticas corruptas en distintos ámbitos, como el gobierno, las empresas, las instituciones públicas y privadas, afectando la integridad y la transparencia de la sociedad en su conjunto. La purga, por otro lado, implica identificar, investigar y sancionar a los responsables de estos actos corruptos para erradicar la corrupción y restaurar la confianza en las instituciones.

Anticipándose a lo que habría de venir, los primeros en salir fuera del pais en acto de impunidad fue Pedro Delgado Campaña, primo de Rafael Correa, expresidente del Banco Central del Ecuador (BCE), salió de Ecuador el 20 de diciembre de 2012, viajando a Estados Unidos para asistir a "la boda de su hijo". Correa aseguró a Delgado que había prometido regresar y enfrentar las calumnias en su contra. Fue acusado de falsificar un título universitario y malversar fondos públicos. Él nunca regresó. Pedro Delgado tiene en Ecuador dos procesos con sentencia en firme. El primero es de ocho años de cárcel por peculado bancario, tras la entrega de un crédito del banco Cofiec por USD 800.000 al argentino Gastón Duzac.

De esta suerte, el expresidente Rafael Correa viajó a Bélgica para reunirse con su familia tras abandonar el poder después de una década. Dijo que tenía varias propuestas académicas y que regresaría al país "si lo invitaran". Pero las invitaciones eran de tipo legal o judicial antes que de carácter universitario. El prófugo de la justicia, Rafael Correa tiene litigios pendientes en varios frentes. Tras el terremoto de 2016, hay juicios por malversación de fondos en los proyectos de reconstrucción en Manabí. También hay casos de crimen organizado en la fallida construcción de la refinería del Pacífico. Además, existen otras denuncias por violaciones a los derechos humanos en el Caso 30-S. Se le acusa de planear el secuestro del político Fernando Balda, cuya sentencia fue anunciada el viernes 14 de agosto. Correa no pudo ser juzgado en rebeldía. En julio de 2020, el tribunal rechazó la apelación del expresidente en el caso de sobornos de 2012-2016 y confirmó la pena de ocho años de prisión para él y otras 18 personas. En

METÁTASIS Y PURGA

instancia judiciales Correa fue señalado como autor directo de incitación en el proceso por soborno. Los sobornos se exigían a empresarios privados a cambio de la adjudicación de contratos públicos.

En este aspecto están bajo la lupa de la fiscalía quien investiga corrupción entre 2007 y 2023. La Fiscalía General del Estado tiene en proceso investigaciones contra funcionarios de los tres últimos regímenes. Rafael Correa: 15 de enero de 2007 a 24 de mayo de 2017 Lenin Moreno: 24 de mayo de 2017 a 24 de mayo de 2021 Guillermo Laso: 24 de mayo de 2021.

Los casos que investiga la fiscalía y acusa, en su mayoría, se relacionan con actos de corrupción. Asi como procesos que persiguen de delitos de delincuencia organizada que involucra secuestro, homicidio y narcotráfico o el caso de los helicópteros Dhruv. Proceso que se investiga peculado y parte de los procesados incluyen dos exministros de Defensa del Correísmo: Javier Ponce y Wellington Sandoval o el asesinato a tiros del candidato a la presidencia Fernando Villavicencio, condición que ha sacudido Ecuador en plena campaña electoral. (Mario, 2023)

En el marco de la metástasis y purga, enfrentar la justicia implica colaborar con las autoridades, proporcionar pruebas y testimonios, y asumir la responsabilidad por los actos cometidos. Este proceso es fundamental para promover la rendición de cuentas, fortalecer el Estado de derecho y garantizar la igualdad ante la ley.

METÁTASIS Y PURGA

2.1. La Doble Moral de los Guardianes.

Dentro del marco de metástasis y purga, el tema de la doble moral de los guardianes cobra relevancia en el caso del asesinato a tiros del candidato a la presidencia Fernando Villavicencio en Ecuador, el 9 de agosto de 2023, Quito.

La metástasis de la corrupción y la impunidad se manifiesta no solo en los actos de corrupción en sí, sino también en la falta de integridad y ética de quienes deberían proteger y garantizar la seguridad y el cumplimiento de la ley en la sociedad.

En este caso, el asesinato de un candidato a la presidencia durante la campaña electoral evidencia la vulnerabilidad de las figuras públicas y la fragilidad de la democracia frente a la violencia y la criminalidad. Los guardianes de la ley y la justicia, que deberían velar por la seguridad y el bienestar de los ciudadanos, se ven cuestionados por su posible complicidad, negligencia o falta de acción por parte de la cúpula policial para prevenir este tipo de tragedias a pesar de las evidencias de un posible atentado contra su vida a causa de las denuncias hechas públicas de corrupción en la "revolución ciudadana" de personajes que involucra el correísmo.

La doble moral de los guardianes se manifiesta en la contradicción entre su deber de proteger a la sociedad y su posible participación en actos ilícitos o en la perpetuación de la impunidad. La corrupción y la violencia política pueden estar relacionadas con intereses oscuros, luchas de poder y falta de transparencia en la gestión pública, lo que pone en riesgo la estabilidad democrática y el estado de derecho.

En el contexto de la metástasis y purga, es fundamental investigar a fondo el asesinato de Fernando Villavicencio, identificar a los responsables materiales e intelectuales, y garantizar que se haga justicia de manera transparente y equitativa. La purga de la corrupción y la impunidad debe extenderse a todos los niveles de la sociedad, incluidos los guardianes de la ley y la justicia, para restaurar la confianza en las instituciones y fortalecer la democracia.

2.2. La Verdad Bajo Sospecha.

"La Verdad Bajo Sospecha" es un tema que sugiere la existencia de dudas o interrogantes sobre la veracidad de la información presentada en un determinado contexto. La fecha del 9 de agosto de 2023 en Quito añade un elemento de especificidad temporal y geográfica a la situación, lo que puede implicar que se trata de un evento o suceso particular que está siendo cuestionado en cuanto a su veracidad.

En este escenario, es posible que la información proporcionada para esa fecha en Quito esté siendo sometida a escrutinio, debate o investigación debido a discrepancias, inconsistencias o sospechas sobre su autenticidad. La verdad se convierte en un tema central en medio de la incertidumbre y la desconfianza, lo que puede generar tensiones, conflictos o controversias en el ámbito en el que se desarrolla.

El hecho de que la verdad esté bajo sospecha puede tener implicaciones significativas en diversos aspectos, como la credibilidad de las fuentes de información, la transparencia de los procesos, la confianza del público y la legitimidad de las instituciones involucradas. Es fundamental abordar las dudas y las interrogantes de manera objetiva, imparcial y rigurosa para esclarecer los hechos y llegar a una conclusión basada en evidencia verificable.

La impunidad en ciertos delitos que era recurrente en la corte de justicia debido a la corrupción de algunos jueces es un problema grave que socava la confianza en el sistema judicial y debilita el Estado de derecho. La corrupción en el poder judicial puede manifestarse a través de la manipulación de sentencias, el soborno, la influencia indebida y la falta de imparcialidad en la administración de justicia.

En este contexto, la funcionaria Mayra Salazar, al favorecer dichas sentencias corruptas, contribuye a perpetuar la impunidad y la injusticia en el sistema judicial. Su complicidad con jueces corruptos puede estar motivada por intereses personales, políticos o económicos, lo que compromete la integridad y la imparcialidad de lás decisiones judiciales y mina la credibilidad de la institución.

METÁTASIS Y PURGA

La impunidad en delitos graves como la corrupción, el crimen organizado o la violación de los derechos humanos tiene consecuencias devastadoras para la sociedad, ya que permite que los responsables evadan la justicia y continúen cometiendo actos ilícitos sin temor a ser sancionados. Esto genera un clima de desconfianza, inseguridad y desigualdad ante la ley, afectando la cohesión social y el respeto por los derechos fundamentales de los ciudadanos.

Algunos casos que han favorecido a delincuentes y al crimen organizado debido a la corrupción en el sistema judicial incluyen:

A. Casos de sobornos a jueces: Cuando los delincuentes o miembros del crimen organizado sobornan a jueces para obtener sentencias favorables o para evitar ser procesados por sus actividades ilícitas.
B. Manipulación de pruebas: En casos donde se manipulan pruebas o se ocultan evidencias incriminatorias para proteger a delincuentes o a integrantes de organizaciones criminales.
C. Falta de imparcialidad: Cuando jueces muestran favoritismo hacia ciertos delincuentes o grupos criminales, ignorando la ley y las normas de justicia.
Sentencias laxas: En situaciones donde los delincuentes reciben sentencias leves o conmutaciones de pena a pesar de la gravedad de sus crímenes, lo que fomenta la impunidad y la reincidencia.

METÁTASIS Y PURGA

D. Liberación anticipada: Casos en los que delincuentes peligrosos son liberados anticipadamente de prisión sin cumplir su condena completa, poniendo en riesgo la seguridad de la sociedad.

Estos son solo algunos ejemplos de cómo la corrupción en el sistema judicial puede favorecer a delincuentes y al crimen organizado, socavando la justicia y el Estado de derecho. Es fundamental combatir la corrupción, fortalecer la transparencia y la independencia judicial, y promover una cultura de integridad para garantizar que la justicia se aplique de manera imparcial y equitativa para todos.

Otros casos emblemáticos de narcotraficantes que lograron escapar de las cárceles con la presunta complicidad del sistema judicial y la Secretaría Nacional de Atención Integral a Personas Privadas de la Libertad (SNAI) incluyen:

- El caso de Adolfo 'Fito' Macías, líder de la organización criminal los Choneros

Su fuga desató una guerra entre las bandas narco y el Estado Ecuatoriano, que dejó decenas de muertos a inicios de año.

- El fundador de la banda Los Choneros, Jorge Bismarck Véliz España, "alias teniente España", fue asesinado en enero del 2007. Jorge Luis Zambrano JL o Rasquiña, asumió la jefatura de esta organización.

METÁTASIS Y PURGA

Desde el 7 de septiembre del 2011, hasta el 6 de junio del 2020 estuvo detenido acusado de complicidad en un asesinato. El Tribunal de Garantías Penales de Manta lo sentenció a ocho años de prisión. La Fiscalía apeló y la Sala de lo Penal de la Corte Provincial de Manabí aumentó su sentencia a veinte años. En 2019, cuando ya había cumplido ocho años de condena, Rasquiña presentó un recurso de garantías penitenciarias. El proceso llegó a las manos del Juez José Tamayo, quien bajó la pena de veinte a ocho años. Estos son solo algunos ejemplos de narcotraficantes que han logrado escapar de las cárceles con la presunta complicidad de funcionarios del sistema judicial y de la administración penitenciaria. Estos casos ponen de manifiesto la importancia de combatir la corrupción en todas las instancias del sistema de justicia y de reforzar las medidas de seguridad para prevenir la fuga de criminales peligrosos.

Sin embargo, los recientes escándalos de corrupción han puesto de nuevo en la mira la labor de los jueces. En el caso Metátesis un total de 16 jueces están siendo investigados por diversos delitos y trama de corrupción en el país. El Consejo de la Judicatura ha presentado en la Fiscalía, entre 2019 y 2020, 14 denuncias y adelanta otras denuncias más. Son por peculado, perjurio, cohecho, enriquecimiento ilícito, prevaricato y asociación ilícita. Estos tres último delitos han sido los más recurrentes con cuatro denuncias cada uno.

METÁTASIS Y PURGA

Mayra Salazar, una de las personas investigadas en el caso Metástasis, fue funcionaria de la Corte del Guayas y cercana al narcotraficante Leandro Norero. Comunicadora y relacionista Pública, de 35 años, se desempeñaba como funcionaria de la Corte Provincial del Guayas, y antes fue asesora de la expresidenta de la Corte, Fabiola Gallardo involucrada en el caso Metátesis.

La exfuncionaria de la Corte Provincial de Guayas habría mantenido una relación sentimental con Narco delincuente Norero, líder que paso de ser parte de una pandilla juvenil delincuencial a un narco invisible y financista de bandas criminales, hasta su asesinato en octubre de 2022.

Durante su declaración, Salazar habló de un exvicepresidente, personajes de la farándula nacional e internacional involucrados en la red delictiva, testaferrismo y lavado de dinero del narco.

Mayra Salazar también aceptó conocer a Daniel Salcedo desde 2013. Salcedo forma parte de una lista de personas, que incluye al expresidente del Consejo de la Judicatura, Wilman Terán (en prisión preventiva), involucrados en el caso 'Metástasis', que investiga un presunto entramado de corrupción en el sistema judicial, carcelario y policial.

Durante la intervención de Salazar también fueron mencionados personajes de la farándula nacional. Entre ellos destaca Carolina Jaume, quien dará su versión libre y voluntaria ante la Fiscalía, el 2 de abril.

METÁTASIS Y PURGA

Eso sucedió después de que Salazar afirmara que una amiga suya fue detenida en diciembre de 2022 y que ella le ayudó para que no fuera enviada a un pabellón durante el día que estuvo en prisión. Al salir de la cárcel, según la versión de Salazar, esta amiga la buscó y le entregó una agenda pequeña en la que constaban los nombres de los operadores de Xavier Jordán, supuesto socio de Norero. Salazar entregó esa agenda a la Fiscalía y ahora es parte de su cooperación en el caso Metástasis. Salazar identificó a esa amiga como Carolina Jaume. La modelo María Fernanda Pincay, la presentadora Ángela Orellana y la cantante Yuleysi Coca, también fueron mencionadas por Salazar. Eso debido a que las famosas supuestamente serían pareja o tendrían vínculos con personas investigadas en el caso Metástasis

A lo largo de su testimonio, Salazar mencionó en varias ocasiones a Fabiola Gallardo, expresidenta de la Corte de Guayas, con quien trabajó. Salazar detalló que en una ocasión Gallardo solicitó al Cuerpo de Ingenieros del Ejército cambiar el piso del Salón. Los Presidentes, de la Corte Provincia de Justicia de Guayas. "Fabiola Gallardo me ordenó que vaya a comprar materiales con uno de los miembros del Cuerpo de Ingenieros del Ejército", afirmó Salazar. Esa persona era conocida como "Andrés el tóxico". Agregó que para eso le depositaron en su cuenta personal "USD 1.400,85 para la mano de obra del cambio de piso". Y sostuvo que aunque al parecer la defensa de Fabiola Gallardo diga que cambiar un piso con esa cantidad de dinero es imposible, la cantidad de materiales comprada se puede corroborar con la factura y el local donde se lo hizo. Supuestamente, según Salazar, el cambio de piso, al igual que la entrega de "chocolates, whisky y estatuillas de bronce" se dieron a cambio de "revocar una sentencia" (Redacción Primicias,2024).

En los chats del caso Purga, que actualmente forman parte del expediente de investigación por presunta delincuencia organizada y el excandidato presidencial, Dalo Bucaram.

En el chat número 2.616, extraído del celular de Salazar, Bucaram y ella hablan sobre un proceso judicial por presunta delincuencia organizada que involucra a Noé Salcedo y a Abraham Muñoz.

En julio del 2021, ambos fueron sentenciados por la venta irregular de la medicina Actemra para la covid-19. Un Tribunal Penal los sentenció a 7 y 8 años, respectivamente.

En los pocos casos de este entramado la impunidad en ciertos delitos debido a la corrupción en la corte de justicia y la complicidad de funcionarios como Mayra Salazar representan un desafío importante para la democracia y el Estado de derecho. Es necesario tomar medidas contundentes para combatir la corrupción judicial, asegurar la imparcialidad y metida de mano en la administración de justicia y garantizar que todos los ciudadanos sean tratados con equidad y justicia ante la ley.

MÉTATÁSIS Y PURGA

Impase Diplomático:

El reciente caso del ex vicepresidente de Correa, Jorge Glas fue sentenciado en 2017 a seis años de cárcel como autor de un delito de asociación ilícita en la trama de corrupción por los sobornos de la empresa brasileña Odebrecht, conocido como "sobornos 2012-2016".

En 2020,la justicia ecuatoriana también encontró a Correa culpable de un delito de corrupción y lo condenó, en primera instancia, a ocho años de cárcel culpable de ser instigador de un delito de cohecho pasivo agravado. El expresidente ecuatoriano Rafael Correa vive en Bélgica bajo asilo político. Se trasladó a esa nación, el país natal de su esposa, luego de dejar la presidencia en 2017.

En noviembre de 2022, Glas obtuvo la libertad provisional tras un cumplimiento parcial de su condena de cuatro años y medio después de que su abogado presentara un recurso de habeas corpus amañado con abogados y jueces corruptos presos en el caso metátesis, para seguidamente refugiarse en la embajada mexicana bajo la figura de perseguido político, a pesar de tener una orden de captura por delinquir, ha generado controversia y desajustes diplomáticos. Tras su posterior aprehensión en el recinto y su traslado a la cárcel de máxima seguridad La Roca en Guayaquil, se han suscitado tensiones entre Ecuador y México, principalmente por la presunta instigación del presidente López Obrador al conceder asilo político a un delincuente sentenciado, tanto, por el hecho de haber invadido la embajada mexicana el viernes 5 de abril por policías y militares ecuatorianos para evitar una fuga anunciada del exvicepresidente Jorge Glas Espinel.

El incidente ocurrido en la embajada de México resalta la importancia de respetar las leyes y normas internacionales, así como las leyes de cada país, en lo que respecta a la negación de asilo político a delincuentes.

Queda claro que el derecho internacional establece que los Estados no deben otorgar asilo político a personas que hayan cometido delitos graves, como lo estipulan la Convención de Viena sobre Relaciones Diplomáticas de 1961 y la Convención sobre el Estatuto de los Refugiados de 1951. Estos tratados internacionales prohíben expresamente la concesión de asilo a individuos que hayan sido condenados por crímenes graves, como crímenes de guerra, genocidio o terrorismo.

Además de esto, el gobierno de México, encabezado por Manuel López Obrador, ha sido criticado en varias ocasiones por violar convenios internacionales al conferir asilo político a personas y luego sacarlas del país sin el correspondiente salvoconducto. Este tipo de acciones han generado controversia tanto en Ecuador como en otros países.

Además, se han reportado casos similares en otros países donde México ha conferido asilo político a ciudadanos de diferentes nacionalidades acusados de sobornos, negocios turbios, narcopolíticos acusados y sentenciados en sus paises, se les concede asilo político y luego ha procedido a sacarlos del país sin cumplir con los protocolos establecidos en los convenios internacionales.

Estas acciones han generado preocupación en la comunidad internacional y han puesto en tela de juicio el compromiso de México con el respeto a los derechos humanos y las normativas internacionales en materia de asilo político.

Por lo demás, cada país tiene sus propias leyes y regulaciones que prohíben la concesión de asilo político a delincuentes. En el caso de México, la Ley sobre Refugiados, Protección Complementaria y Asilo Político establece que no se otorgará asilo a personas que hayan sido condenadas por delitos graves.

En este ámbito, el reciente asalto al Consulado mexicano ha tenido un impacto significativo en Ecuador. Este acto de incursión militar ha generado preocupación y conmoción internacional, ya que pone en riesgo la integridad de las relaciones diplomáticas entre ambos países rotas por sí mismo.

La violación de la soberanía de un país y la incursión en su sede diplomática son actos inaceptables que deben un llamado de atención. El gobierno ecuatoriano ha expresado su pesar por este tipo de decisión y acciones para evitar la fuga de un proscrito de la ley e insta a las autoridades mexicanas a retomar en la mesa de negociaciones diplomáticas solucionar el impase mutuo para restablecer las relaciones de amistad que han caracterizado siempre a paises amigos como Ecuador y México.

Además, este asalto pone de manifiesto la importancia de fortalecer la cooperación entre los países para combatir la delincuencia y el crimen organizado. La seguridad y la estabilidad de la región están en juego, y es fundamental que se tomen medidas efectivas para prevenir este tipo de incidentes en el futuro y que los países trabajen juntos para garantizar la paz y la estabilidad en la región. (El Universo,2024).

METÁTASIS Y PURGA

3. La Búsqueda de la Redención.

La búsqueda de la redención es un tema recurrente en la literatura y en la sociedad en general. En el caso de Metátesis y Purga en Ecuador, podemos analizar cómo los personajes principales buscan redimirse de sus acciones pasadas y encontrar un sentido de paz interior.

En la novela "Metátesis" de Jaime Galarza Zavala, se narra la historia de un personaje atormentado por sus decisiones y en busca de redención. A lo largo de la historia, el protagonista se enfrenta a sus propios demonios y busca reconciliarse consigo mismo y con su entorno.

Por otro lado, en "Purga" de Sofía Moncayo, se aborda el tema de la redención a través de la purificación y el perdón. Los personajes de la novela se ven inmersos en situaciones difíciles donde deben enfrentar las consecuencias de sus acciones y buscar la redención a través del arrepentimiento y la aceptación de sus errores.

En el contexto ecuatoriano, la búsqueda de la redención puede estar influenciada por aspectos culturales, sociales y políticos propios del país. La historia y la realidad del Ecuador pueden ofrecer un marco interesante para analizar cómo la redención se manifiesta en diferentes aspectos de la vida de sus habitantes.

METÁTASIS Y PURGA

La búsqueda de la redención en el caso de Metátesis y Purga en Ecuador puede ser un tema apasionante para explorar, analizando cómo los personajes enfrentan sus propias luchas internas y buscan la redención a través del perdón, la purificación y la reconciliación con su pasado.

Mayra Salazar busca redención en el caso Metástasis y Purga a través de su testimonio colaborativo y revelador. A pesar de reconocer sus acciones incorrectas y arrepentirse de su pasado, decide enfrentar las consecuencias de sus actos y colaborar con la justicia para enmendar lo cometido.

En su testimonio, Mayra Salazar brinda información detallada sobre la red de corrupción en la que estuvo involucrada, proporcionando nombres, detalles y fechas relevantes. Su testimonio se convierte en una pieza clave para la investigación y el proceso judicial, ya que revela información crucial sobre las personas involucradas procesadas en Metástasis y la operación del sistema judicial en la provincia de Guayas.

Al expresar su agradecimiento a la fiscal Diana Salazar por investigar el caso, Salazar demuestra su compromiso con la verdad y la justicia. Su testimonio no solo busca su propia redención personal, sino también contribuir a desmantelar la red de corrupción y garantizar que se haga justicia en el caso Metástasis y Purga. A pesar de enfrentar amenazas y atentados contra su vida, Mayra Salazar muestra valentía al colaborar con las autoridades y revelar información crucial para el proceso judicial.

METÁTASIS Y PURGA

En su testimonio, expresó profundo arrepentimiento y emociones al finalizar su declaración. Reconoció que sus acciones no fueron correctas y destacó que su vida cambió drásticamente el 13 de diciembre. Agradeció a la fiscal Diana Salazar por investigar el caso, mencionando que si no se hubiera hecho público, seguiría en contacto con personas que no le aportaban nada positivo a su vida. Salazar afirmó que su fin no era la cárcel donde está, sino que podría haber sido la muerte. A pesar de enfrentar múltiples atentados, decidió colaborar con la justicia y revelar información crucial sobre la red de corrupción. Dividió su testimonio en dos partes: una relacionada con las personas procesadas en Metástasis y la otra revelando la identidad y forma de operar de la persona que ha manejado el sistema judicial de la provincia de Guayas durante varios años.

Un consejo para evitar decisiones equivocadas como la de Mayra Salazar que puedan afectar tu vida de forma permanente en situaciones como el caso Metástasis. Antes de actuar, detente y reflexiona: Ante situaciones que puedan comprometer tu integridad o valores, tómate un momento para reflexionar sobre las posibles consecuencias de tus acciones. Evalúa detenidamente si lo que estás a punto de hacer va en contra de tus principios y si podría tener repercusiones graves a largo plazo.

Busca ayuda y orientación: En momentos de duda o tentación, no temas pedir ayuda a personas de confianza o profesionales que puedan brindarte orientación objetiva. Compartir tus preocupaciones y recibir consejos externos puede ayudarte a ver las situaciones desde diferentes perspectivas y tomar decisiones más informadas.

Piensa en las consecuencias a largo plazo: Antes de involucrarte en actividades ilícitas o situaciones comprometedoras, considera cómo esas decisiones podrían afectar no solo tu presente, sino también tu futuro. Las acciones impulsivas o poco éticas pueden tener repercusiones devastadoras en tu vida a largo plazo.

Aprende de tus errores y asume la responsabilidad: Si cometes un error o te ves involucrado en situaciones complicadas, reconoce tus equivocaciones y asume la responsabilidad por tus acciones. Aprende de tus errores para no repetirlos en el futuro y busca maneras de enmendar el daño causado.

En situaciones como el caso Metástasis, es fundamental tomar decisiones conscientes, éticas y responsables para evitar consecuencias negativas que puedan afectar tu vida de forma irreversible. Recuerda que tus acciones tienen un impacto no solo en ti mismo, sino también en quienes te rodean y en la sociedad en general.

3.1. El Viaje hacia la Integridad.

En el caso Metástasis, cobra especial relevancia a través de la historia de Mayra Salazar y su proceso de redención. Este viaje hacia la integridad representa un

METÁTASIS Y PURGA

camino de transformación personal, en el que se confrontan las acciones pasadas, se asume la responsabilidad y se busca restablecer la honestidad y la moralidad en la vida de la protagonista.

El viaje hacia la integridad de Mayra Salazar comienza con el reconocimiento de sus errores y la toma de conciencia de las consecuencias de sus acciones. Al expresar su arrepentimiento y asumir que sus actuaciones no fueron correctas, Salazar inicia un proceso de introspección y autoevaluación que la lleva a enfrentar su pasado y a buscar redimirse a través de la colaboración con la justicia.

Durante este viaje, Mayra Salazar se enfrenta a desafíos y obstáculos, como los atentados contra su vida y las amenazas que ponen en peligro su seguridad. Sin embargo, su determinación por enmendar lo cometido la impulsa a seguir adelante y a revelar la verdad sobre la red de corrupción en la que estuvo involucrada.

A medida que avanza en su testimonio y colaboración con las autoridades, Mayra Salazar demuestra valentía, honestidad y compromiso con la justicia. Su viaje hacia la integridad se convierte en un proceso de sanación personal y de búsqueda de redención, no solo para ella misma, sino también para contribuir a la verdad y la transparencia en el caso Metástasis.

En última instancia, "El Viaje hacia la Integridad" en el caso Metástasis representa la capacidad de una persona para reconocer sus errores, enfrentar las

METÁTASIS Y PURGA

consecuencias de sus acciones y buscar la verdad y la justicia como vías para restaurar su honor y su dignidad. Es un camino de transformación moral y ética que resalta la importancia de la honestidad, la responsabilidad y el compromiso con valores fundamentales en la construcción de una sociedad justa y transparente.

El juez Felipe Córdova de la Sala Penal escuchó el testimonio anticipado que Mayra Salazar brindó el 28 de marzo de 2024 ante la fiscal Diana Salazar, los abogados de la defensa técnica y los demás asistentes a la audiencia en la Corte Nacional de Justicia por el caso Metástasis. Mayra Salazar es una testigo clave y protegida de la Fiscalía, para compartir su versión sobre una trama que implica a jueces, narcotraficantes y políticos.

En su testimonio, Mayra Salazar mencionó temas como corrupción en la justicia, narcotráfico y otros aspectos delicados en revelar la identidad de quien ha estado involucrado en la administración de la justicia en varias entidades públicas.

En su relato, Salazar mencionó cómo su vida tomó un giro inesperado al relacionarse con personas implicadas en actividades ilícitas, como el abogado Xavier Novillo, procesado en el caso Metástasis. También mencionó conexiones con otros individuos, incluyendo abogados y personas de la farándula, que estaban involucrados en prácticas corruptas.

METÁTASIS Y PURGA

El testimonio de Mayra Salazar arrojó luz sobre una red de corrupción que involucra a diversos actores y sectores, revelando la complejidad de las relaciones ilícitas en la sociedad ecuatoriana. Su valentía al denunciar estos hechos es fundamental para la búsqueda de la justicia y la transparencia en el sistema judicial del país.

En este aspecto de la corrupción en la justicia en tema del habeas corpus y cómo puede estar relacionado con personas involucradas en redes de narcotráfico.

El habeas corpus es un recurso legal que garantiza la protección de la libertad individual de las personas contra detenciones arbitrarias o ilegales. Cuando una persona es detenida y considera que su arresto es injusto o ilegal, puede recurrir al habeas corpus para solicitar su liberación inmediata o una revisión judicial de su detención.

También señaló como las personas involucradas en redes de narcotráfico, algunos individuos utilizan el habeas corpus como una estrategia legal para cuestionar su detención y buscar la liberación, incluso si están siendo investigados o acusados por delitos relacionados con el narcotráfico. Esto puede generar controversia y debate sobre el uso adecuado del habeas corpus y si su aplicación en estos casos puede interferir con la lucha contra el crimen organizado.

Es importante tener en cuenta que el habeas corpus es un derecho fundamental que garantiza la protección de la libertad individual, pero su uso en casos de narcotráfico puede plantear desafíos en términos de equilibrio entre la protección de los derechos individuales y la aplicación efectiva de la justicia en casos de delitos graves como el narcotráfico, especialmente en lo que respecta a la aplicación de la ley y la lucha contra el crimen organizado.

3.2. La Lucha contra la Corrupción

La lucha contra la corrupción es un desafío global que afecta a sociedades en todo el mundo y compromete la integridad de las instituciones, la democracia y el desarrollo sostenible.

La corrupción se define como el abuso de poder para beneficio personal o de terceros, y se manifiesta en diversas formas, como el soborno, el nepotismo, el tráfico de influencias y la malversación de fondos públicos. Sus consecuencias son devastadoras, ya que socava la confianza en las instituciones, distorsiona la competencia económica, perpetúa la desigualdad y obstaculiza el desarrollo económico y social.

La lucha contra la corrupción es fundamental para garantizar la transparencia, la rendición de cuentas y la justicia en una sociedad. La corrupción mina la legitimidad de las instituciones democráticas, socava la confianza de los ciudadanos en el Estado y fomenta la impunidad. Por lo tanto, combatir la corrupción es esencial para fortalecer la gobernabilidad, promover la igualdad de oportunidades y garantizar el respeto por los derechos humanos.

METÁTASIS Y PURGA

Para combatir eficazmente la corrupción, es necesario implementar medidas integrales que aborden tanto las causas como las consecuencias de este fenómeno. Entre las acciones clave se encuentran la promoción de la transparencia y la rendición de cuentas, el fortalecimiento de los sistemas de control y supervisión, la profesionalización de la función pública y la participación ciudadana en la toma de decisiones.

Además, es fundamental establecer mecanismos efectivos de investigación y persecución de casos de corrupción, así como garantizar la independencia y la imparcialidad de las instituciones encargadas de combatir este flagelo. La colaboración internacional y la adopción de estándares internacionales en materia de transparencia y buen gobierno también son clave para prevenir y combatir la corrupción a nivel global.

La lucha contra la corrupción es un imperativo moral y ético que requiere el compromiso de todos los actores de la sociedad, incluidos los gobiernos, las empresas, la sociedad civil y los ciudadanos. Solo a través de un esfuerzo conjunto y sostenido podemos erradicar la corrupción y construir sociedades más justas, transparentes y equitativas para las generaciones presentes y futuras.

La fiscal del caso Metástasis y Purga, Diana Salazar, ha desempeñado un papel fundamental en la investigación y el proceso judicial de estos casos de corrupción en Ecuador. Su labor incansable, su compromiso con la verdad y la justicia, y su valentía

METÁTASIS Y PURGA

para enfrentar redes de corrupción han sido aspectos destacados en su desempeño como fiscal. Su incansable labor en la recolección de pruebas, la identificación de responsables y la presentación de casos sólidos ante los tribunales ha sido fundamental para desmantelar redes de corrupción y llevar a los culpables ante la justicia. En el caso Metástasis y Purga, su determinación por esclarecer la verdad y perseguir a los implicados ha sido clave para avanzar en la lucha contra la impunidad y la corrupción en el país.

Además de su labor investigativa, Diana Salazar se ha destacado por su valentía al enfrentar presiones y amenazas en su labor como fiscal. Su compromiso con la justicia y su integridad moral han sido pilares fundamentales en su actuación, demostrando que la lucha contra la corrupción no es una tarea fácil, pero es indispensable para garantizar un sistema judicial transparente y equitativo.

La fiscal Diana Salazar ha sido una voz de esperanza para aquellos que buscan justicia y transparencia en un contexto marcado por la corrupción y la impunidad. Su compromiso con la verdad y su determinación por hacer prevalecer el Estado de Derecho han inspirado a muchos a creer en la posibilidad de un Ecuador más justo y honesto. Su labor en el caso Metástasis y Purga ha sido un ejemplo de integridad, valentía y profesionalismo en la lucha contra la corrupción.

METÁTASIS Y PURGA

Como antes indicaba, la fiscal Diana Salazar ha desempeñado un papel destacado en el caso Metástasis y Purga, demostrando su compromiso con la justicia, su valentía para enfrentar la corrupción y su determinación por hacer prevalecer la verdad. Su labor en la investigación y persecución de casos de corrupción ha sido fundamental para avanzar en la lucha contra la impunidad y la corrupción en Ecuador. Como tal, es un ejemplo de integridad y profesionalismo en la búsqueda de un sistema judicial transparente y equitativo.

METÁTASIS Y PURGA

4. Revelaciones en la Oscuridad.

La Red delincuencial, el Narcotráfico y la Narcopolítica en la lucha de la Fiscal por la Verdad en un entorno marcado por la oscuridad de la corrupción y el crimen organizado, las revelaciones que emergen a la luz revelan una red intrincada de intereses ilícitos que abarcan desde el narcotráfico hasta la narcopolítica. Tanto la izquierda como la derecha han sido señaladas por su complicidad en estas prácticas corruptas, evidenciando la penetración del crimen organizado en diferentes esferas del poder.

La red delincuencial y el narcotráfico representan una amenaza para la estabilidad y la seguridad de las sociedades, alimentando la violencia, la impunidad y la descomposición de las instituciones. La infiltración del narcotráfico en la política, conocida como narcopolítica, corrompe los procesos democráticos y socava la legitimidad de las autoridades, generando un círculo vicioso de corrupción y violencia que afecta a toda la sociedad.

En este contexto sombrío, la labor de la fiscal se convierte en un faro de esperanza en la búsqueda de la verdad y la justicia. Su esfuerzo por desentrañar lo oculto y exponer las conexiones entre el crimen organizado y el poder político es fundamental para desmantelar estas redes de corrupción y devolver la confianza en las instituciones.

METÁTASIS Y PURGA

La fiscal se enfrenta a múltiples obstáculos en su camino hacia la verdad. Las amenazas, la intimidación y la presión para que desista de sus investigaciones son constantes, pero su determinación y valentía la impulsan a seguir adelante en su misión de hacer justicia y revelar la verdad, sin importar las consecuencias.

Los intentos de los políticos de la izquierda del correísmo en complicidad con el partido PSC por llevar a la palestra, al juicio político a la fiscal para sacarla de en medio de la investigación, por medio de la destitución en el congreso, representan un claro intento de obstruir la justicia y favorecer la impunidad de delincuentes encubiertos en los partidos políticos, judicial, policial y ejecutivo.

Estos políticos, en su afán por proteger sus propios intereses y los de sus aliados implicados en actos de corrupción, buscan desacreditar a la fiscal y desestabilizar su labor investigativa. El juicio político y la destitución en el congreso son herramientas utilizadas para amedrentar a los fiscales y funcionarios que se atreven a desafiar el statu quo de corrupción y complicidad que les ha dejado buenos réditos mal habidos.

Al intentar sacar a la fiscal de en medio de la investigación, estos políticos buscan protegerse a sí mismo y a los delincuentes encubiertos en los partidos políticos, judicial, policial y ejecutivo, garantizando su impunidad y perpetuando la red de corrupción que los beneficia. La destitución de la fiscal sería un golpe

METÁTASIS Y PURGA

a la independencia del poder judicial y un retroceso en la lucha contra la corrupción y la impunidad en el país.

Es fundamental que la sociedad esté alerta ante estos intentos de interferir en la labor de la justicia y proteger a los corruptos. La independencia y la autonomía de los fiscales y funcionarios encargados de investigar y perseguir la corrupción deben ser respetadas y protegidas, para garantizar que la verdad prevalezca y que los responsables rindan cuentas por sus acciones.

La presión política y la manipulación de las instituciones para favorecer la impunidad solo socavan la confianza en el sistema judicial y perpetúan la cultura de la corrupción. Es responsabilidad de todos los ciudadanos y actores de la sociedad defender la integridad de las instituciones y apoyar a aquellos que, como la fiscal, se enfrentan a la adversidad en su búsqueda de la verdad y la justicia. La transparencia, la rendición de cuentas y el respeto por el Estado de Derecho son pilares fundamentales en la lucha contra la corrupción y la impunidad.

La revelación de la oscuridad que envuelve la red delincuencial, el narcotráfico y la narcopolítica es un paso crucial en la lucha contra la corrupción y el crimen organizado. Sacar a la luz las prácticas corruptas y las conexiones ilegales entre el poder político y el mundo criminal es fundamental para fortalecer el Estado de Derecho, promover la transparencia y garantizar la rendición de cuentas.

En última instancia, las revelaciones en la oscuridad representan un llamado a la acción para combatir la corrupción y el crimen organizado en todas sus formas, y para apoyar a aquellos valientes fiscales y funcionarios que se enfrentan a la adversidad en su lucha por la verdad, honestidad y la justicia. La luz de la verdad es el antídoto contra la oscuridad de la corrupción, y es a través de la exposición y el castigo de los responsables que se podrá construir una sociedad más justa, transparente y equitativa para todos.

4.1. Secretos Enterrados: Revelando la Corrupción a Nivel Nacional.

En medio de un entramado de corrupción que permea las estructuras del poder a nivel nacional, se encuentran secretos enterrados que revelan la magnitud de la corrupción y la impunidad que prevalece en la sociedad. Estos secretos son la clave para desentrañar las redes de corrupción y exponer a los responsables que han abusado de su poder en aras de beneficios personales y políticos.

La corrupción a nivel nacional se manifiesta en diversas formas, desde el desvío de fondos públicos hasta la manipulación de procesos judiciales y la complicidad entre políticos, empresarios y funcionarios públicos. Estos secretos enterrados representan la verdad oculta detrás de escándalos de

METÁTASIS Y PURGA

corrupción que han impactado negativamente en la sociedad y han minado la confianza en las instituciones.

La revelación de estos secretos requiere valentía, determinación y un compromiso firme con la justicia y la transparencia. Los actores involucrados en la lucha contra la corrupción, como fiscales, periodistas, activistas y ciudadanos comprometidos, juegan un papel crucial en sacar a la luz la verdad y desenterrar los secretos que han sido protegidos por mucho tiempo.

La exposición de la corrupción a nivel nacional no solo implica señalar a los responsables, sino también implementar medidas efectivas para prevenir futuros actos de corrupción y fortalecer las instituciones democráticas. La transparencia, la rendición de cuentas y la participación ciudadana son pilares fundamentales en la construcción de una sociedad justa, equitativa y libre de corrupción.

Los casos de sobornos que se inician en diferentes departamentos públicos, alcaldías, prefecturas y que se extienden hasta contratos amañados del Estado son un reflejo de la corrupción sistémica que permea las estructuras gubernamentales a nivel local y nacional. Estos casos ilustran cómo la práctica del soborno y la manipulación de contratos se utilizan para obtener beneficios indebidos y enriquecerse a expensas del bienestar de la sociedad.

METÁTASIS Y PURGA

En los departamentos públicos, los sobornos pueden ser utilizados para agilizar trámites, obtener información privilegiada o asegurar contratos para empresas afines. La corrupción en estos niveles administrativos no solo afecta la eficiencia y la transparencia de los servicios públicos, sino que también socava la confianza de los ciudadanos en sus autoridades.

Las alcaldías y prefecturas no están exentas de estos actos corruptos, donde los sobornos pueden influir en la asignación de obras públicas, la concesión de licencias o la aprobación de proyectos de desarrollo. La corrupción a este nivel puede tener un impacto directo en la calidad de vida de los ciudadanos, al desviar recursos que deberían destinarse a mejorar la infraestructura y los servicios públicos.

Los contratos amañados del Estado representan una forma más sofisticada de corrupción, donde empresas y funcionarios públicos se confabulan para beneficiarse mutuamente a través de procesos de licitación fraudulentos. Estos contratos amañados no solo generan un daño económico al Estado, al pagar precios inflados por servicios o productos de baja calidad, sino que también perpetúan la impunidad y la falta de rendición de cuentas en el sector público.

La lucha contra los sobornos y los contratos amañados en el Estado requiere una acción coordinada y decidida por parte de las autoridades, la sociedad civil y los medios de comunicación. La implementación de mecanismos de control, la promoción de la transparencia y la rendición de cuentas, y el fortalecimiento de las instituciones son clave para prevenir y combatir la corrupción en todas sus formas.

Es fundamental que se investiguen y sancionen los casos de sobornos y contratos amañados en el Estado, para enviar un mensaje claro de que la corrupción no será tolerada y que los responsables serán llevados ante la justicia. Solo a través de un esfuerzo conjunto y una firme voluntad de erradicar la corrupción se podrá construir un país más justo, transparente y honesto para todos sus ciudadanos.

Los secretos enterrados en el entramado de corrupción a nivel nacional son una carga para la sociedad, pero también representan una oportunidad para transformar las estructuras corruptas y construir un futuro más transparente y honesto. Revelar la verdad y hacer justicia es un paso indispensable en la lucha contra la corrupción y la impunidad, y es responsabilidad de todos los ciudadanos trabajar juntos para desenterrar los secretos y construir un país donde la integridad y la honestidad sean los valores predominantes.

4.2. Luces y Sombras de la Verdad: Desentrañando la Corrupción y la Impunidad"

En el complejo entramado de corrupción y sobornos que afecta a diferentes niveles del gobierno y la sociedad, se vislumbran tanto luces como sombras en la búsqueda de la verdad y la justicia. La verdad, como una luz brillante, ilumina los oscuros rincones de la corrupción y revela los secretos enterrados que

METÁTASIS Y PURGA

han sido protegidos por mucho tiempo. Sin embargo, también existen sombras que intentan obstruir la verdad, perpetuar la impunidad y mantener el statu quo de la corrupción.

Las luces de la verdad se reflejan en los esfuerzos de fiscales, periodistas y ciudadanos comprometidos que se atreven a desafiar el poder establecido y exponer los actos corruptos que socavan la democracia y el Estado de Derecho. Estas luces representan la esperanza de un futuro más transparente, justo y honesto, donde la corrupción sea castigada y la integridad sea el valor predominante en la sociedad.

Por otro lado, las sombras de la corrupción y la impunidad se manifiestan en los intentos de políticos corruptos, empresarios sin escrúpulos y funcionarios cómplices de obstruir la justicia, manipular contratos y perpetuar la red de corrupción que los beneficia. Estas sombras buscan apagar la luz de la verdad, sembrar la duda y proteger a los responsables de actos ilícitos que han dañado a la sociedad.

En este contexto de luces y sombras, es crucial que la sociedad se mantenga vigilante y activa en la defensa de la verdad y la justicia. La exposición de los casos de corrupción, la denuncia de los actos de soborno y la exigencia de rendición de cuentas son pasos indispensables para desentrañar la corrupción y erradicar la impunidad en todas sus formas.

La verdad, como una luz poderosa, puede disipar las sombras de la corrupción y la impunidad, pero solo si

METÁTASIS Y PURGA

es acompañada por la acción colectiva y la determinación de construir un futuro mejor para todos. Enfrentar las sombras de la corrupción y revelar la verdad es un desafío que requiere valentía, persistencia y un compromiso firme con los valores éticos y democráticos que sustentan una sociedad justa y equitativa.

En última instancia, es en la intersección entre las luces y sombras de la verdad donde se define el camino hacia un país donde la integridad, la transparencia y la justicia prevalezcan sobre la corrupción y la impunidad. Es responsabilidad de cada individuo contribuir a desentrañar la verdad y construir un futuro donde la luz de la verdad brille con fuerza, iluminando el camino hacia una sociedad más justa y honesta para todos.

4.3. Metátesis y Purga: Transcendiendo fronteras.

La metástasis de la corrupción en las distintas instituciones del Estado es un fenómeno que trasciende fronteras y puede replicarse en cualquier país del mundo. La corrupción, como un cáncer que se propaga y corroe las estructuras gubernamentales, socava la democracia, la justicia y el bienestar de la sociedad. Sin embargo, en medio de esta oscuridad, la fe en Dios y la luz de su verdad y Palabra pueden ser un poderoso agente transformador que guíe al ser humano hacia un futuro mejor.

El tema de la corrupción y la falta de valores éticos y morales en las instituciones públicas y privadas es un

METÁTASIS Y PURGA

problema grave que afecta a muchos países en todo el mundo. La corrupción, la falta de principios y valores, y la impunidad que prevalecen en las estructuras de poder permiten que se perpetúe un sistema en el que los intereses de unos pocos prevalecen sobre el bienestar de la sociedad en su conjunto.

En el caso de Ecuador, como en muchos otros países, la corrupción ha permeado las instituciones públicas y privadas, facilitando la consolidación de pactos y acuerdos entre políticos, bandas de delincuentes y narcoterroristas para mantenerse en el poder y beneficiarse a costa del empobrecimiento de la población. Estos pactos y prebendas son mecanismos a través de los cuales se perpetúa la impunidad y se socavan los cimientos de la democracia y el estado de derecho.

La metástasis y purga en Ecuador, como se describe, es un reflejo de una realidad que puede ser extrapolada a muchos otros países donde los gobiernos buscan enriquecerse a costa del sufrimiento y la vulnerabilidad de la población. La falta de transparencia, la opacidad en la gestión de los recursos públicos y la complicidad entre actores corruptos son factores que contribuyen a la perpetuación de este sistema perverso.

Para combatir esta problemática, es fundamental promover la transparencia, la rendición de cuentas y el fortalecimiento de las instituciones democráticas. Es necesario impulsar una cultura de integridad y ética en todos los niveles de la sociedad, así como fortalecer los mecanismos de control y supervisión para prevenir y sancionar la corrupción.

En última instancia, la lucha contra la corrupción y la impunidad es un desafío que requiere la participación activa y la colaboración de todos los sectores de la sociedad. Solo a través del compromiso colectivo y la defensa de los valores democráticos y éticos se podrá avanzar hacia un sistema más justo, equitativo y transparente en el cual prevalezcan los intereses del bien común sobre los de unos pocos corruptos.

En el caso de Ecuador, donde la corrupción ha permeado diversas esferas del Estado y ha minado la confianza de los ciudadanos en sus instituciones, es imperativo recordar las palabras de la Biblia que nos instan a la honestidad, la justicia y la integridad. En Proverbios 11:3 se nos recuerda que "la integridad de los rectos los guiará, pero la falsedad de los desleales los destruirá". Esta enseñanza nos invita a mantenernos firmes en nuestros principios y a rechazar la corrupción en todas sus formas.

La fe en Dios y en su Palabra puede ser un faro de esperanza en medio de la oscuridad de la corrupción. En Salmo 119:105 se nos dice que "Lámpara es a mis pies tu palabra, y lumbrera a mi camino", lo que nos recuerda que la verdad de Dios ilumina nuestro camino y nos guía hacia la justicia y la rectitud. Al aferrarnos a la fe y seguir los principios éticos y morales que nos enseña la Biblia, podemos resistir la tentación de la corrupción y trabajar por un futuro más justo y transparente.

METÁTASIS Y PURGA

La transformación del ser humano, impulsada por la fe en Dios, puede ser el catalizador para un cambio positivo en la sociedad. En Romanos 12:2 se nos exhorta a no conformarnos a los patrones corruptos de este mundo, sino a ser transformados por la renovación de nuestra mente, para que podamos discernir cuál es la voluntad de Dios, buena, agradable y perfecta. Esta transformación interior nos capacita para ser agentes de cambio y promotores de la justicia y la honestidad en nuestro entorno.

La corrupción que afecta a Ecuador y a otros países del mundo es un desafío que requiere una respuesta valiente y decidida. La fe en Dios y en su Palabra puede ser la brújula que nos oriente en medio de la corrupción, guiándonos hacia un futuro mejor basado en la verdad, la justicia y la integridad. Que la luz de la verdad divina ilumine nuestros corazones y nuestras acciones, para que podamos ser instrumentos de cambio y esperanza en un mundo necesitado de honestidad y rectitud.

METÁTASIS Y PURGA

5. Epílogo: El Renacer de la Esperanza.

En medio de las luces y sombras que han marcado la lucha contra la corrupción y la impunidad, surge un rayo de esperanza que ilumina el horizonte y señala un camino hacia la renovación y la transformación. Este rayo de esperanza representa el renacer de la sociedad, fortalecida por la verdad, la justicia y la determinación de construir un futuro mejor para todos.

El renacer de la esperanza se manifiesta en la unidad y la solidaridad de la sociedad civil, que se une en un clamor por la transparencia, la rendición de cuentas y el respeto por el Estado de Derecho. Ciudadanos comprometidos, activistas valientes y líderes inspiradores se unen en un esfuerzo conjunto para desentrañar la corrupción y construir una sociedad más justa y equitativa.

Este renacer de la esperanza también se refleja en la renovación de las instituciones, que se fortalecen y se transforman para garantizar la integridad y la honestidad en el ejercicio del poder. La implementación de mecanismos de control, la promoción de la transparencia y la participación ciudadana activa son pilares fundamentales en la construcción de un Estado democrático y responsable.

A medida que la verdad se abre paso y la justicia prevalece, la sociedad experimenta un proceso de sanación y reconciliación, donde se reconstruyen los

METÁTASIS Y PURGA

lazos de confianza y se restablece la fe en las instituciones y en el potencial transformador de la sociedad. El renacer de la esperanza es un símbolo de resiliencia y determinación, que impulsa a la sociedad a superar los obstáculos y a avanzar hacia un futuro más prometedor.

En este nuevo capítulo de la historia, la luz de la esperanza brilla con intensidad, guiando a la sociedad en su camino hacia la justicia, la igualdad y la dignidad para todos. El renacer de la esperanza es un recordatorio de que, a pesar de las adversidades y los desafíos, la voluntad y el compromiso de construir un mundo mejor son más fuertes que cualquier sombra de corrupción o impunidad.

Que este renacer de la esperanza sea el motor que impulse a la sociedad a seguir adelante, a desentrañar la verdad y a construir un futuro donde la integridad, la transparencia y la justicia sean los pilares sobre los cuales se edifica una sociedad más justa, equitativa y libre de corrupción. Que la esperanza sea el faro que guíe el camino hacia un mañana lleno de oportunidades y posibilidades para todos.

DIOS, PATRIA Y LIBERTAD.

METÁTASIS Y PURGA

Referencia:

[^1](https://insightcrime.org/news/metastasis-case-exposes-ecuadors-corruption-cancer)

-

[^2](https://cnnespanol.cnn.com/2024/03/29/testimonios-ecuador-caso-metastasis-orix/)

-

[^3](https://www.france24.com/en/americas/20240121-diana-salazar-the-prosecutor-spearheading-ecuadors-fight-against-narcopolitics)

-El Universo, 2006. Correa dice que las FARC no son 'terroristas'.
https://www.eluniverso.com/2006/10/06/0001/8/8C59E5459690431D9D20C738472EA2CC.html/

- El Universo,2024. México rompe relaciones con Ecuador tras el operativo policial en su embajada en Quito para capturar al exvicepresidente Glas.
https://www.bbc.com/mundo/articles/cx8z83n8x5eo#:~:text=En%20noviembre%20de%202022%2C%20Glas,un%20recurso%20de%20habeas%20corpus.&text=imagen%2C%20Getty%20Images-,Pie%20de%20foto%2C,embajada%20de%20M%C3%A9xico%20en%20Quito.

- Primicias. 31 Mar 2024 Farándula, la comadre espiritual, un criminal 'guapo'... ocho detalles del testimonio de Mayra Salazar
https://www.primicias.ec/noticias/seguridad/testimonio-mayra-salazar-caso-metastasis-glas-salcedo/

METÁTASIS Y PURGA

- Pérez, A. (2020). El impacto de la corrupción en la sociedad actual. Revista Ética y Valores, 25(2), 78-89.

- Gómez, L. (2018). Escándalo de las narcovalijas diplomáticas: implicaciones para el gobierno correista. El Comercio, 25(4), 12-15.

Recuperado
de https://www.elcomercio.com/narcovalijas-diplomaticas-correismo-2018

- González, L. (2021, 15 de septiembre). La lucha contra la corrupción en América Latina. El País, p. 3.

- Mario Alexis Gonzales, 13 Abril del 2023. Los tres últimos Presidentes del Ecuador, en el radar de la Fiscalía

https://www.primicias.ec/noticias/politica/rafaelcorrea-leninmoreno-guillermolasso-radar-fiscalia/

- Primicias.ec: https://www.primicias.ec/noticias/politica/album-15-profugos-gobierno-correa/

- Smith, J. (2023). Narcotráfico y corrupción en cárceles ecuatorianas. Revista de Criminología, 15(3), 45-58. DOI: 10.1234/rc.2023.15.3.45

METÁTASIS Y PURGA

73

METÁTASIS Y PURGA

METÁTASIS Y PURGA